Dale Zaccaria

INEDITO PER UNA PASSANTE

Youcanprint *Self-Publishing*

Titolo | Inedito per una passante
Autore | Dale Zaccaria
In copertina | La Passante di Annalisa Iannuzzi
Testi | Dale Zaccaria © Siae 2015
Nota e Ideazione | Dale Zaccaria

ISBN | 978-88-91187-02-4

Nota dell'autrice

Questa ri-edizione di *Inedito per una passante* si arricchisce di una sezione di nuove liriche, inediti, dedicate a mia nonna e a Franca Rame. Il testo pubblicato in passato con la Manni Editori è stato rivisto e rivisitato con una maturità diversa e maggiore consapevolezza. Un atto di eliminazione e diminuzione per lasciare infine gli scritti quanto mai più veri e puliti. Per questo sono state tolte alcune poesie e cancellate le dediche. Questo lavoro inoltre sarà legato anche a un cortometraggio. Dedicato alle due figure, alle due donne più importanti della mia vita: Franca Rame e Lina, mia nonna. A entrambe, al loro cuore lasciato in questo passaggio. Io dedico questo nuovo lavoro.

Dale Zaccaria

E passavano e morivano
e morivano e passavano
gli uomini e i fiocchi di neve.

Ascoltami amore
sotto il terrapieno di vita
per le siepi le stelle
nell'umido più giù
dormono i poeti:
solo un tum tum
e violette rigonfie
prese nude
alla rossa terra

getta le ginestre ti prego
e chiudi gli occhi
intorno credimi è solo vagare.

mie care mani ora limpide
ora vuote come la giovinezza
grembo del mio grembo
io non ti tocco no
né l'abisso né l'anima.

Ed ecco arriva la passante
con la sua lunga ombra
poteva l'assoluto
l'appendiamore tesoriere
posare in veglie –
non ai miei occhi
i miei cento scrigni
la faticosa –
come mai ti imprimi.

Innamoramento

Dimmi, forse è questo
tremito della carne
il passo d'aquilone
il fermo nei tuoi occhi
il nome che ti va nominando
tu mio sudario lucente di
paura?

Stanotte è la notte
delle fronti.

Ti sto girando un baciamano
una manciata di rosso

il cerchio del silenzio
è giallo.

La Sibilla sta svestendo la sera
cuore di tana il suo
mestiere di memoria
tira l'orma del cipresso

come sei intatta!

Il lume di Gennaio
non ha la parola
precipizio d'anima guardami
sono solo io.

Non i fiori ma le rose
voglio contare le rose

le rose rosse
di purpurea memoria
dure e rosse

poi quelle con la bocca
gialla
eternamente chiuse

le rose bianche
vergini e bianche
chiare come la morte
bianche come l'attesa

non i fiori io voglio contare
ma le rose
le nostre rose

quelle della tua mano
che colano dal tuo sesso

che invadono la parola

la rosa della mia mente
la rosa della vittoria
la rosa solo e sempre la rosa

ché non sono che rose
petali e profumi di rose.

Hai mani lunghe
da ragazza
come erba robusta

un vortice d'amore
allegro puro
un bacino d'angelo

è la treccia verdefoglia
del migrare
come il verdemigrante

consumo dell'apparenza

io dico solo il mistero
e la bellezza
dico l'ingegno senza
industria

un'attrice storpia sì
un vertice di pochezza
che cada breve

come breve la tua fretta

parola impacciata
parola dei capelli
capelli stretti al tempo.

L'addio

Lei va cucendo parole scarlatte
ai bordi di Maggio i papaveri
lui la sostiene
gira il giovane amore
gira le sfere
che il fiume è un destino

(si separi il bastone dall'anima
s'ammucchiano le serenate)

cade la lacrima
lui chiude la bocca
volteggiano ai bordi di Maggio
i papaveri!

Il bacio

Ieri il mio bacio
ti ha baciato con il bacio
dell'amore

tra le mie labbra e la tua bocca
non esisteva una condizione
umana
non un verso della storia

il fiato intorno della notte
era una piccola giostra
di bambini.

Io ti vorrei così ragazza
nuda e vera
con il balsamo del tuo
cuore tra le mani
e taciturna

chissà dove andranno le stelle
quale luogo possiede la fioritura
delle tue parole?

La morte ha sempre uno spazio
segreto
e tu dritta tra queste cose
non lo valichi

se mai amandoti o non amandoti.

L'allodola canterina

Oggi, sulla stuoia
prima di una fine arrangiatura
separando i melograni
posso dirti della tristezza
degli innamorati:

che cosa mai andranno
sussurrando in un quarto
di cielo sui rami di una
mezzaluna?

Loro che sfidano l'eterno
con il volo di un trapezista
sguainando un'allodola canterina

cosa si andranno sussurrando
slacciando aprimano
e gingilli di fogli e agri di cuore?

I bei capelli

Presi e sciolti i bei capelli
senza un nodo di stagione
con sguardo leggero
uno sbadiglio d'anima
va annusando i suoi
capelli

i bei capelli sbriciolanti
orlo del sonno
fiamma dei capelli
sinceri alla misura del silenzio

chi mai parlerà ai tuoi capelli?

Fui tutta un succhiare
d'amore.

Io non posso trescare
con la mia donna

lei è il mio bestiame
nel cuore

la poesia che mi vuole
e mi divora.

Uscendo dal tuo giovane
passo felpato da uomo
ha grandi seni di donna
te ne vai su per la balconata
nel cerchione del Tevere
beato plenilunio di genti!
Io senza annuire ti guardo
stanotte sono solo una lupa
e non ti amo.

Togliendoti non ti do che
la poesia del silenzio
la poesia che non vedi
forse quella che non senti
la poesia che si sta arrampicando
senza un nome
lungo il morso del mio viso.

Sonata bianca della sposa

Libera grazia di una
giovinezza astuta
un portanome sei
sola sempre e
quasidea

hai due carichi di cavalieri
per quelle due care
tue pupille

e balzi viva nella stagione
delle balene
piccola verità di
un nascondiglio

per stare così come pura
toccando un tocco di amuleto
con parola di fata nella testa
dentro qualsivoglia menzogna.

Con nessun nome
lanci all'indietro il dado
del Due
mescolando il fante di picche
al musichiere

in nessun nome.

in questo chichesia
schiocca la pesanteleggera
briglia al baccanale del domani
e che segua l'animale.

A Dino Campana
non ho mai detto di Nina
del suo gatto rosso
di strada
la sua scarpetta di nuvola
. . . .
fischiettami giurami rami
. . . .
Nina che cammina sui vetri
Nina che sceglie le foglie
scioglie la neve
mangia le fiamme
. . . .
Nina, che mai ti potranno capire

Nina che muore
Nina che esiste.

I fiocchi di neve

Dal cielo cadevano
i fiocchi di neve
come cade il dolore

è il mondo tutto!

Inverno volevano
i fiocchi di neve.

Sui rovi tra gli uomini
furono i fiocchi di neve

e passavano e morivano
e morivano e passavano.

Ad Annarita

Aperta è la luce
così fu chiara la mente
mistero del girasole
mistero dell'amore

così fu la rosa nella rosa
la notte nella notte

così la morte così la vita
così fu l'ombra della
tua sete.

Le stelle,
stasera Nina ci sono
le vele e le stelle,
tu ricordi il mio rosso
dardo d'amore?
Pulito di sangue e di bianco?
Ogni incontro è sempre voluto
dal cielo
ed io come te e la Plath
non voglio morire,
perché le stelle Nina,
stasera ci sono le vele
e le stelle.

Se tentenna al bianco
il rossoturchese nel cielo
come cade si bagna la lacrima
preme il tessuto
in un fiore il tessuto
dentro un corpo di pudore
dite solo che l'amo.

Vennero ferme le parole
parole larghe come il cielo
parole gravide

le parole raccontavano delle parole
parlavano della tua malinconia,
le parole storie -
le parole ferite dalle parole -

parola aperta della noce,
che scivola prima della nuca

la parola perdita
la parola d'amore.

Poetica degli elementi

per le colline e per gli occhi
nel cuore del mondo
dove sbianca più bianca
la luna,
sulla povertà degli elementi,
sui tetti tentennanti,
negl'ami della prugna
tra i pini e i suoi aghi,
nello sgorgare delle campane,
nell'acqua
nel fondo
ti cerco.

Io t'amo

Io t'amo.
T'amo nell'amore
che t'amo.
Nel seno dell'anima
t'amo.
Cosparsa violenta
fantasia, mai mia
io t'amo.
Nella bocca casta –
nel corpo che cadde -
nel lucente,
come luce e congiuntura,
nell'oblio, io t'amo
e non t'amo e poi t'amo.

Le nuvole

Le nuvole, le nuvole
che attanagliano le nuvole,
nottetarda, e nell'albero
la pietra la foresta del mare.
Venne piano feroce
il bacio del giorno,
venne l'incontro.
E sono le nuvole,
le palpebre,
montagne,
ombre nel cielo.

Quello che gli alberi non dicono,
il ramo dove tutto è taciuto,
la primaverafoglia ,
il nostro errare
umano e sempiterno,
la fragile voce dell'inverno,
il blu che non oso toccare,
e il volare delle mani
lo stormo dei tuoi capelli,
furtivi, crudeli, battenti,
visione di mondo.

Non so dire il tempo
tra la bugia e la costellazione
o il silenzio impuro,
fosse anche la saetta,
può il biancoseppia l'erbamarina?
Ancor prima dell'amore,
qui giace la ferita.

Tristezza

Goccia sul vetro la tristezza
e scivola tra i cespugli
il panno del tuo fiato,
amore mio no, tu non piangere
stasera la tristezza,
la tristezza,
mai sussurra la tristezza.

L' aria la bocca ferma
il sangue che tu sei,
le viscere la bellezza
che mi scagli contro,

senz'armi —
il bianco che tu sei,

un mucchio d'acqua
nella cisterna
il cuore mio.

La radice

Non potrò mai darti la radice
che con un nome
con un chiamare del vento,

sbatte e insegue la radice,

si dice che sia solo la radice
nel suo tempo altro,
nel suo tempo fermo,

sempre lenta germoglia
la ragione della radice.

La notte della candela

La notte in cui non era accesa
la candela, si frantumò l'anima
della tua candela

dai tuoi capelli scesero
le lacrime della candela

piangevano una candela bianca
una luce amara

il tuo cuore asciugava la candela

e stringevano i capelli
e piangevano il fuoco
della candela.

Sostanza di un sentimento

Se l'erba che tacque
mai osò toccare il tuo corpo
ti dissi io un giorno
che per te divento poeta
ti disse mai il mondo
l'errore?

Mia bellezza creatura
tu che non conosci l'osceno
tu che non possiedi l'oltraggio.

Le ombre

Le ombre, come sono
Lunghe le ombre !
E sospirano quest'ombre !

Ombre sole e ferme
senza tempo
che scoccano il bianco tempo

ombre scese dai lampioni
strette nelle case
passate a guado a cuore

ombre impaurite dell'amore
cave del silenzio
ombre che adombrano le ombre !

Per questa terra camminano
ballano s'inseguono le ombre
sono lunghe queste ombre !

E custodiscono parole
il dubbio di altre ombre.

Sai della saliva che non gettavi

osasti credere dentro –
fuori è più profondo il silenzio

già che vai arrampicando,
eccoli i tuoi seni tondi
spenti su una luna cadente

il mio morire è il tuo splendere

ancora per poco
m'infiammeranno le stelle.

Non credere mai alle signorine
con i capelli tinti
al ciglio battuto per caso
alla parola spesa
alla parola data

credi al silenzio
a ciò che può essere solo taciuto

guarda, è in alto la volta del cielo!

Ciò che è distante è vicino
ciò che non vedi è compreso

ricorda, un poeta non dorme
che nella veglia
e i bambini hanno solo domande.

L'appuntamento

nel passarsi sulla bocca
un dito di rimmel
ti chiedo l'anima mi disse

come se non bastasse
all'innocenza
quel poco di vento.

Le fiammelle e le stelle

C'erano trentuno stelle
come trentuno fiammelle

d'ottobre i tuoi capelli
bellezza di stelle
silenzio delle fiammelle

non c'era un marciapiede
di Maggio

non c'erano foglie
né i tulipani di dio

dove tacevi soffrivi
dentro gli occhi soffrivi
nel mio viso soffrivi

forse era l'amore
forse non ero io

erano solo le fiammelle
e le stelle
e lo sguardo di dio.

Meno profonda la tua ferita
sanguinerà più ferita
nella cosa non detta
nella cosa per sempre perduta.

Perdona quest'amore
che s'è fatto sangue
che s'è fatto rose

quest'amore bianco
che pianse il pianto
delle tue lacrime

quest'occhi mai gettati
per scommettere
le vesti che non ci compresero
il dolore di non dirsi

perdona quest'amore
questa poesia che s'è fatta
amore

amore che s'è fatto sangue
amore che s'è fatto rose.

Nella mano che mi tieni

Nella tua anima che non conosco
negli occhi che ti fuggono e guardano
nella mano che mi tieni,

in me, come se non fosse abbastanza,
questo tuo non parlare

il mio cuore aperto nel polso

e sul dolore del tuo viso
questo avvisarti, cercare,
questo presagio.

Il silenzio

Un palloncino è il silenzio
una mano è il silenzio
nel tuo cuore resta il silenzio

il silenzio va cucendo il silenzio

e se mi manchi è silenzio
il nostro nome è silenzio

senza un anello
carte o calendari
l'amore è silenzio
così batte piano il silenzio

e chiamiamo distanze
scriviamo canzoni.

Canto per Malalai Joya

Io canto la voce di una donna
di altre cento mille donne

canto queste donne
queste madri
queste figlie

questi occhi possano vedere
queste mani hanno altre cento
mille mani da toccare

senza polvere e senza catene
canto il loro canto

ché non si pieghi
ché non si fermi
ché germogli questo canto

per altre cento mille donne
canto la voce di una donna

senza fili
senza barriere
senza il seme del loro sangue

senza nessun padrone
canto questo fiore
canto questa madre
canto questa figlia

canto il canto di queste donne
altre cento mille donne.

La sera delle peonie

Nella sera davanti alle peonie
davanti a un cielo stellato

saprai di sera già bella
sopra il cielo stellato

e non cadranno le peonie
cadrà l'amore
cadrà la sera

e la sera ti farà l'amore
e ti farà bella
e tu sarai l'amore
e sarai la sera
in un cielo stellato.

Appunti e Visioni

A mia nonna Lina e a Franca
al cuore che hanno lasciato
in questo passaggio.

Ai giovani che sono e ai giovani che verranno

Voglio raccontarti giovane di una donna che è
Stella e Ribellione e che sogna di cambiare il
mondo. Questa donna ha messo tutta se stessa a
difesa dei più deboli, degli oppressi, degli operai, dei
carcerati, degli ultimi e di chi non ha voce. Questa
donna ha per te lottato, creato e pagato in prima
persona un prezzo altissimo, Questa donna è la
Regina del popolo, *la vasta Signora dei giusti.*
Il teatro e la maestranza. La bellezza e la dedizione.
E tu giovane devi conoscerla, come esempio di un
mondo migliore.
Perché un mondo migliore può esistere.

E non dimenticare ancora che c'è una signora
contadina a mietere i figli e la terra.
E ci sono raccolti e stagioni. E campi di grano
maturi.
E il pomodoro in estate tra la noce e il cielo. E la
terra che è la vita.

Infine rammenta che in questo mondo vivono
esseri superiori.
Li chiameranno diversi, ma loro possiedono una
scrittura segreta e sanno vedere dentro le anime e i
cuori.

E c'è anche un popolo e il bene che vive e resiste
alla luce dei maestri e dei poeti.
Ci sono gli eterni fiori. Le stelle su di te, l'universo e
il creato.

Tu giovane di questo fanne potere e memoria.

Io so amore mio che i fiori non mentono
gli uomini vanno, vengono e passano,
ma i fiori non mentono.

Dicono che l'amore
vince la morte.
Se vinco io amore mio
tu non andartene.

La tua ferita non esisterà più
perché ci sarà il mio sentimento
ci sarò io
la follia del mondo non esisterà più
perché ci sarà il tuo sentimento
ci sarò io.

Maria Paola

Puro amore
puro fiore
sei tra le cose più
pure,
cuore grande
interminato bene
non sarai nel mai
vivrai nel sempre.

Il suo sorriso
è l'inizio del mondo
la natura vera e sincera
dove ha fine e
s'incammina l'amore
dove ha corpo luogo
un sogno di donna
il suo sorriso che è
intimità e bene
dove io muoio e vivo.

E' per queste donne
che vangano da millenni
e secoli con l'anima la terra
che vestono l'amore
e l'orgoglio
solo per queste donne
il mondo non avrà mai
né baratro né fine
per queste donne che
sono la forza e il cammino
il bene e l'eterno giorno.

Due donne nella mia vita:
la Regina e la contadina
la bambina e la bandiera rossa
la ribalta e la terra
la lotta e la pace.

Quando muore
la persona che ami
è la regola della terra
la strada delle stelle
il vantaggio del vento
il grumo d'acqua strettosi
e scivolato d'amore
in amore
è il cuore in salita
l'erba assetata
alla notte e alla pace
è la scrittura del tempo
dove ha sguardo
e fine il principio
e il silenzio
quando perdi chi ami.

Io ti amo
in ogni donna
che incontro
in ogni uomo
che vedo
ti amo in ogni
errore fuga e sbaglio
ti amo nel ti amo
che mai seguo
e pronuncio
ti amo senza scelta
né storia
e ti amerò sempre
anche là dove il
sempre muore
e finisce.

Noi siamo l'amore

Io sono te amico mio
Io sono te amica mia
noi siamo l'amore
e tu sei me amico mio
tu sei me amica mia
noi siamo solo l'amore.

Fu tutto un passaggio
di nulla e passanti
ma solo le cose importanti
restano nel tempo.

Ama e lascia andare
là dove non puoi amare
e ricorda noi non vivremo
per sempre.

Lina,
tu mia china contadina
palco d'amore
madre e fatica.

F

E quando fu la battaglia
sei stata la prima
la voce più chiara
la stella nemica
donna che tutti temerono
perché la bellezza
non si vince
si teme.

29

Ventinove volte
cantarono i bambini
con ventinove rose
con ventinove stelle
su ventinove cieli
si sedettero
le montagne le acque
e i fiori
e furono
ventinove amori
e sono state
ventinove perle.

Nel bianco
ho fatto morire
il rosso delle rose
e nella notte
ho acceso il mistero
delle stelle.

I principi e le cose

Le mani di mia nonna
sulla terra
la zolla aperta
della vita,
e si seminarono
i principi e le cose,
e fu la ribalta del cielo
una donna del popolo
la rosa e la ribellione
e fu una maestosa Regina.

Nessuna di loro

Qui c'è la mia
anima e il mio
cuore e nessuna
di loro

ci sono solo
due donne:
e mai più
nessuna di loro.

Poveri uomini,
tutti coloro che non sanno
che solo i fiori
i bambini e le stelle
sopravviveranno.

INDICE

Uscendo dal tuo giovane

Togliendoti non ti do che

Sonata bianca della sposa

Con nessun nome

in questo chichesia

A Dino Campana

I fiocchi di neve

Aperta è la luce

Le stelle

Se tentenna al bianco

Vennero ferme le parole

Poetica degli elementi

Io t'amo

Le nuvole

Quello che gl'alberi non dicono

Non so dire il tempo

Tristezza

L'aria la bocca ferma

La radice

La notte della candela

Sostanza di un sentimento

Le ombre

Sai della saliva che non gettavi

Non credere mai alle signorine

L'appuntamento

Le fiammelle e le stelle

Meno profonda la tua ferita

Perdona quest'amore

Nella mano che mi tieni

Il silenzio

Canto per Malalai Joya

La sera delle peonie

Appunti e visioni

Ai giovani che sono e ai giovani che verranno

Io so amore mio che i fiori non mentono

Dicono che l'amore

La tua ferita non esisterà più

Maria Paola

Il suo sorriso

E' per queste donne

Due donne nella mia vita

Quando muore

Io ti amo

Noi siamo l'amore

Fu tutto un passaggio

Ama e lascia andare

Lina

F

29

Nel bianco

I principi e le cose

Nessuna di loro

Poveri uomini

Finito di stampare nel mese di Aprile 2015

per conto di Youcanprint *self - publishing*